TURIN,

GÈNES, FLORENCE, ROME

EN 1854,

PAR

Le Chev.er Joseph Bard,

DE LA PONTIFICALE ACADÉMIE ROMAINE D'ARCHÉOLOGIE ET DE LA PLUPART DES
ACADÉMIES ITALIENNES DES SCIENCES, DES BEAUX-ARTS ET DES BELLES-
LETTRES ; AUTEUR DE LA REVUE BASILICALE ET LITURGIQUE DE
ROME ET DE LA STATISTIQUE MONUMENTALE
DE RAVENNE.

VIENNE

IMPRIMERIE ET LITH. DE TIMON FRÈRES

MONTÉE DES CAPUCINS, N. 3

—

MDCCCLIV.

Turin, Gênes, Florence, Rome

EN 1854.

━━━━━━━━━━

I.

TURIN.

Je n'essaierai pas de vous dire combien j'aime la merveilleuse péninsule italique : elle est devenue pour ainsi dire ma seconde patrie et mon milieu naturel ; après six voyages dont elle a été le but, et des séjours prolongés dans son sein, je souris sans cesse à l'idée de revoir la douce région *« che Apennin parte e il mar circonda e l'Alpe. »*

Jamais Turin ne m'avait paru aussi brillant qu'en 1854. La présence d'un jeune souverain dévoué à son pays et à son peuple, comme l'ont toujours été les princes de l'auguste maison de Savoie, la vive impulsion donnée à toutes les grandes entreprises industrielles, la mise en exploitation de ces beaux chemins de fer qui rayonnent autour de la capitale, le libre mouvement des idées et des progrès dans ce centre si favorable à l'intelligence, aux généreux élans, lui impriment un caractère d'animation, de prospérité et de fête, qui frappe l'étranger.

Bien que Turin soit situé sur les marches de l'Italie, abrité, il est vrai, par le colossal boulevard des Alpes, cette barrière de trois nationalités, vous y retrouvez tout le cortége des choses italiennes, pour peu que de la surface vous passiez au fond : l'aménité des mœurs, la politesse du langage, l'effusion et la simplicité des naturels. — Pas de gens qui posent, même dans les plus hautes régions du pouvoir et de la société , pas de pédanterie , pas de charlatanisme , pas de suffisance. — Des formes matérielles plus belles d'exécution et de goût qu'ailleurs dans les ustensiles et les meubles les plus usuels et les plus vulgaires. — Ce serait un grand tort de croire que nous avons d'une manière absolue, nous autres Français, le sentiment du goût dans la forme extérieure; sous ce rapport, après les Italiens viennent les Allemands , qui nous sont de beaucoup supérieurs.

La ville de Turin , on le sait , est bâtie avec luxe dans le style moderne. Sa petite voirie procède par des alignements immenses , qui lui donnent un aspect un peu théâtral comme celui de Nancy et de Carlsruhe. On la croirait d'hier, et pourtant elle est vieille. Ses majestueux restes romans du château *delle Torri* avec leurs murailles de briques , et les zones du moyen âge dans le palais *Madama* , sur la place del Castello , attestent assez le passé de Turin , si des jalons plus anciens encore de son histoire ont disparu. Entre ces palais a toujours gravité la souveraineté des princes de Piémont , et l'espace qui les sépare forme , pour ainsi dire , l'horizon royal de Turin , dont les deux vieux châteaux sont les pôles , dont le palais actuel du roi , élevé entre ces anciens siéges de la monarchie sarde , est le cœur.

La place del Castello représente le centre moral et est à peu près le centre géographique de Turin. Au milieu de son aire imposante se dresse le château *Madama* , qui par ses mélanges d'architectonisation moderne et de structure historique , produit un effet bizarre. Un observatoire le domine. Le premier étage de ce palais, où l'on arrive par un somptueux escalier, était consacré , avant le gouvernement constitutionel et *lo statuto* , qui est la charte sarde , aux arts fils du dessin. C'était une galerie de tableaux choisis , s'étendant à une suite de riches salons. On y remarquait beaucoup d'excellentes peintures des grands maîtres italiens , et les copies sur porcelaine des chefs-d'œuvre hors ligne de Raphaël, Guido Reni , Fra Bartolommeo , Andrea del Sarto , de Pietro Perugino , fruits de l'auguste munificence de Charles-Albert.

Rien n'était préparé à Turin pour recevoir le gouvernement parlementaire , arrivé un peu à l'improviste. Il fallut pourtant le loger. On donna le musée des tableaux aux sénateurs et le palais de Carignan aux députés. Il résulte de cette circonstance que MM. les pairs du royaume de Sardaigne vivent en communauté avec les monuments de l'art. Cette union est touchante : la puissance, le génie, sont parfaitement de niveau, et ce qui choque ici, ce n'est point le rapprochement de l'un et de l'autre, ou plutôt la fusion opérée entr'eux, mais c'est l'état de souffrance des tableaux et des visiteurs. Déjà une partie des toiles ont disparu, celles-ci pour faire place à des bureaux, à des cartons, celles-là pour laisser poser une armoire, etc. — Ce fâcheux provisoire, cette indivision, ne sauraient durer. Le paternel gouvernement piémontais élèvera, dans un but direct, un palais sénatorial, et rendra le château *Madama* à sa destination artistique, dans son ancienne plénitude. — Il n'y a pas beaucoup de temps à perdre, car le feu des cheminées et des poêles, les lustres chargés de bougies, le mobilier vivant et mort d'une assemblée législative, sont autant de causes de destruction pour les tableaux, causes qu'il importe de conjurer.

La place *del Castello*, fermée au nord par le palais de S. M., est le foyer d'où partent les principales rues de Turin, presque toutes tirées au cordeau, et parmi lesquelles il faut signaler surtout celle de Dora Grossa, qui fait face au Mont-Cenis et au solennel rideau des Alpes, au couchant ; la contrada di Porta-Nuova, au midi ; celle di Po au levant ; ces deux dernières ornées de portiques comme la plupart des places publiques de la noble capitale, dont celles del Castello, di Vittorio-Emanuele, di san Carlo, di Carlo-Felice, Susina, sont les reines.

Il y a quelques années encore, on voyait dans Turin, généralement bâti de briques, beaucoup de façades sans enduit et sans badigeon, ce qui lui donnait un aspect de délaissement et de tristesse. Aujourd'hui, chaque maison, chaque palais, ont reçu les honneurs de la teinte murale.

Le gaz torinois a beaucoup d'éclat et se distribue avec une royale magnificence.

Les monuments religieux et civils de cette grande cité n'offrent point l'appareil majestueux de ceux des capitales de l'Italie méridionale ; toutefois, ils renferment tous de remarquables beautés. Le palais de S. M. rachète par la splendeur de ses appartements et de sa galerie d'armes la flagrante monotonie de ses lignes extérieures, pures, correctes, mais froides. — Visitez les royales statues érigées sur les places publiques de Turin, le palais Carignan, où se réunissent les députés, le teatro Regio, compris dans les dépendances du palais de S. M., l'un des plus pompeux assurément de la Péninsule italique; les théâtres Carignan et d'Angennes, le palais du duc de Gênes attenant à celui du Roi, l'Arsenal, l'Hôtel de Ville dans la belle rue aboutissant à la porte de Novare et de Milan, le Palais de Justice, la basilique métropolitaine de Saint-Jean, qui, par la tribune royale qu'elle contient, est la chapelle de la cour, et la splendide rotonde en communication avec sa région apsidale. — Là sont les tombeaux de plusieurs glorieux souverains du Piémont. — Le clocher de san Giovanni est une réalisation architectonique compliquée, hardie, mais un peu bizarre.

N'oublions pas le palais de l'Académie des sciences et son musée égyptien, l'un des plus curieux du monde. C'est de ce palais que jaillit la grande *specola* des astronomes, munie de tous les instruments nécessaires aux savants.

Pour jouir d'une vue complète sur la ville de Turin et embrasser tout l'adorable paysage qui l'enceint, ainsi que l'austère rempart des Alpes qui la protége, et les contre-forts qui s'étagent à leurs pieds, il faut franchir le Pô et gravir les harmonieuses collines situées au levant de la cité, aller se placer dans le jardin des PP. Capucins, ou mieux encore à la *Superga* qui domine tout l'horizon, le Saint-Denis des princes de Piémont, comme Haute-Combe est celui des ducs de Savoie.

Turin s'augmente en ce moment dans une immense mesure, au midi, dans la région de *Porta-Nuova*, près de la gare du chemin de fer de Gênes, et au levant. On y bâtit des maisons, des palais, des églises splendides, en dehors des boulevards qui forment la plus agréable ceinture d'arbres autour de la capitale des États sardes et comme une vaste couronne tombée à ses pieds.

Je citerai comme cafés d'une pompe orientale : le café national (via di Po), le café della Borsa (via di Porta-Nuova), le café di San-Carlo, place de ce nom. — Le visiteur logera à l'Hôtel de l'Europe, à l'Hôtel Feder, ou, plus modestement, alla *Caccia Reale*, au centre de Turin, hôtellerie vraiment patriarcale.

Toutes les idées nouvelles circulent ici avec une rapidité et une liberté extraordinaires et y déposent l'amour du luxe, du progrès, de l'industrie et du commerce. L'essor de la civilisation française, anglaise et américaine, y est vraiment immense. Cette ville est une des plus savantes, des plus littéraires, des plus actives de l'Italie entière. L'histoire y est représentée par

Luigi Cibrario, la poésie par Felice Romani, la médecine par Riberi, le plus brillant praticien de la Péninsule assurément, la presse périodique par la *Gazzetta Piemontese*, la *Patria*, l'*Opinione*, l'*Armonia*, etc. La résignation naguère encore y trouvait son modèle dans Silvio Pellico, qui lui dut, ainsi qu'à ses souffrances passées, la grosse moitié de sa renommée littéraire. Peu de temps avant sa mort (1er février 1854), je l'avais vu toujours le même qu'autrefois ; il ne vieillissait pas. Grêle, délicat, maladif, il était il y a dix ans : grêle, délicat, maladif, je l'avais retrouvé il y a moins de six mois. On croyait chaque jour qu'il allait rendre l'âme, et il continuait à vivre, heureusement pour ses nombreux amis. Une généreuse et noble hospitalité lui avait ouvert un des plus beaux palais de Turin, vis-à-vis le flanc occidental et sur la place *del Senato-Nuovo* (Palais de Justice), chez la marquise Barola. Silvio était âgé de 65 ans. Il avait reçu le jour en 1789 à Saluces, d'un père piémontais et d'une mère savoisienne.

Je vais vous surprendre beaucoup en vous disant que Turin est une des villes d'Italie où l'on parle, où l'on écrit le mieux l'italien. Rien de plus vrai, cependant. La raison de ce fait s'explique d'elle-même. Ici la langue nationale étant le dialecte piémontais, les gens bien élevés apprennent la langue péninsulaire, l'italien par principe, et puisent aux sources les plus pures de l'idiome. Je voudrais bien que cette influence de l'éducation apprît aux Piémontais à ne point franciser l'italien. J'ai lu sur des enseignes, à Turin, les mots de *minusiere* (menuisier), *bianchissaggio* (blanchissage). — Ce n'est point tolérable. Parlons italien ou français, de grâce mais point de barbarismes. Hélas ! Florence avait déjà inventé le mot *frisore* (coiffeur), et pour peu que l'invasion du français se continue, l'italien n'existera plus que dans les livres des trois derniers siècles. Felice Romani, ce noble ami de Vincenzo Bellini, cet oracle du goût littéraire, a cependant donné souvent l'exemple et le signal de la résistance, prêché la croisade contre la francomanie. Chaque langue a son génie propre, son inspiration native, et il importe de les respecter. Les Italiens parlent beaucoup de leur nationalité *(Italia farà proprio da sè)*, et ils la foulent aux pieds dans la langue qui l'exprime et la maintient. — Tout cela n'empêche pas qu'il n'y ait à Turin une foule de salons vrais sanctuaires de l'italien classique, et en plus grand nombre peut-être qu'ailleurs.

Cette capitale est celle de toute la Péninsule où il se fait et où il se vend le plus grand nombre de livres.

Par rapport à la Basse-Italie, Turin sent le nord ; il a des hivers glacés, un ciel qui s'abaisse sur la campagne, une coloration pâlissante ; mais aussi une voix plus mâle et une pose plus énergique.—Je finis par un menu détail : on est en général coudoyé dans les rues de cette ville avec un sans-façon qui sent un peu la brusquerie. Cette circonstance tient uniquement à l'affluence des passants sous les portiques. Dans toutes les cités françaises à trottoirs on a pu remarquer un fait identique.

II.

GÈNES.

Voici une des cités d'Italie que j'admire le plus ardemment. —Elle est voisine de la France, et, pourtant, elle est essentiellement italienne par la forme et par le fond ; elle a des nuits constellées comme celles de Naples et de Palerme, une mer radieuse qui gémit à ses pieds, des aurores et des crépuscules d'une incroyable magnificence ; elle regorge d'or et de marbre ; elle est couronnée d'orangers et d'azur ; elle est brillante, vive, animée, poétique, pleine de verve et d'effusion. Elle chante moins que Florence, elle n'improvise pas avec la spontanéité napolitaine, elle n'est pas solennelle, grave, majestueuse comme Rome, elle n'a point les élans de Palerme et les doux murmures de Venise, mais elle unit, ce qui semble incompatible, la suavité à l'énergie. Quant à la couleur, je ne la trouve nulle part aussi hardie, aussi variée, aussi miroitante, aussi magique, aussi riche d'effets. — Et puis, on respire ici un air sensuel, balsamique, et pourtant viril.

C'est le grand mérite des villes italiennes d'avoir chacune leur cachet propre et leur ordre de beauté particulière. Le type de Gènes, c'est la force, la pompe des horizons et des matériaux. — Il y a beaucoup de vérité dans le vieux proverbe ita-

lien qui caractérise ainsi les principales cités de la Péninsule,
sous le nom de *fama tra noi* :

> Roma pomposa e santa.
> Venezia ricca, saggia e signorile.
> Napoli odorifera e gentile.
> Firenze bella, tutto il volgo canta.
> Grande Milano in Italia si vanta.
> Bologna grassa e Ferrara civile.
> Padova forte e Bergamo sottile.
> Genova di superbia altera pianta.
> Verona degna e Perugia sanguigna.
> Brescia l'armata e Mantova gloriosa.
> Rimini buona. Pistoja ferrigna.
> Siena di bel podere e Lucca industriosa.
> Forlì bizzaro e Ravenna benigna.
> Sinigaglia dell'aria annojosa e Capo amorosa.
> Pisa prudente, Pesaro giardino.
> Ancona del porto pellegrino.
> Fedelissimo Urbino.
> Ascoli tondo e lunga Recannate.
> Fuligno dalle strade insaccherate e pur dal ciel mandate.
> Le belle donne di Fanno si dice, ma Siena tra le altre più felice.

On le voit, la part de Gènes dans cette appréciation est parfaitement d'accord avec le type imposant de cette métropole de
la Ligurie. Tout l'appareil des choses italiennes se retrouve
dans son sein ; dans les rues l'animation, les chants, les instruments, les voix métalliques et vibrantes de l'Italie ; dans
les églises, la chasuble sans croix au dos, le surplis court, les
immenses gradins d'autels triplement saillants latéralement,
les préfaces de la messe modulées, le plain-chant altéré par la
musique, les chaires oblongues, véritables tribunes, avec le
crucifix posé obliquement sur leur accoudoir ; dans les maisons, les couchettes en fer orné de dorures, les chaises peintes,
si délicatement empaillées, les lavabos, les meubles aux formes
différentes des nôtres, le lit italien de fer avec son gracieux pa-
villon et ses rideaux de mousseline claire, les porte-habits
mobiles d'un aspect monumental, les carreaux et placages de
faïence vernissée, la fresque sur les plafonds et les murs, à
l'exclusion des tristes papiers peints, d'origine française ; le
repas péninsulaire infailliblement composé du *brodo*, du *lesso*,
du *fritto*, de l'*umido*, de l'*arrosto*, du *dolce* et de la *frutta*,
le cure-dents de bois d'épine-vinette, le café, où la prépara-

tion se fait sous les yeux du consommateur, etc. — Mais parlons plus sérieusement.

Les accidentations osées et presque téméraires de Gènes, ses toitures exceptionnellement aiguës, sur une terre où règne la ligne horizontale (1), le mouvement des montagnes liguriennes qni étreignent cette cité, la liberté de ses paysages et de ses masses, tout ici élève l'homme, augmente le sentiment de son indépendance, de sa fierté, de sa dignité. Il a dans ce milieu des pensées plus graves et en même temps plus harmonieuses qu'ailleurs ; sa nature s'épanouit comme les arbres génois, mais en gagnant plus de puissance à cet épanouissement.

Je n'ai certainement pas la prétention d'écrire du nouveau sur Gènes-la-Superbe, qui, assise aux dernières limites de la nationalité italienne, l'inaugure avec tant d'éclat ; toutefois n'y avait-il plus rien à dire d'elle, et fallait-il décidément baisser la toile derrière ceux qui en ont parlé, je ne le crois pas, car Gènes progresse, marche à pas de géant, se modifie sans cesse dans son ichnographie comme dans sa situation morale.

La vue de la rade, de la cité posée en amphithéâtre sur de verdoyantes collines, dans le plus splendide entourage de *villas*, de jardins, de verdure, protégées par la pittoresque ceinture des contre-forts liguriens, est, avec celle de Constantinople, de Naples et d'Alger, embrassés de la mer, une des plus grandes magnificences oculaires du monde. Certainement notre brillante Marseille, encadrée dans ses grisonnants rochers et ses grèves, notre Marseille si sémillante, si riche en soleil, parait pâle, malgré tous ses reflets d'or et d'azur, si on la compare à Gènes. — C'est que l'Italie semble en relation plus immédiate avec la Grèce et l'Orient, d'où vient le grand luxe de la couleur.

Vous pénétrez dans la ville sous un boulevard de marbre, somptueux portique qui ferme le port. — Ne vous préoccupez point, de grâce, de toutes ces ruelles dont l'inextricable réseau désespère l'étranger par ses complications, et pourtant unit entre elles toutes les grandes artères de la métropole ligu-

---

(1) Cette circonstance tient à l'emploi exclusif, à Gènes, de l'ardoise comme moyen de couverture. L'ardoise demande un toit rapide.

rienne. Ce vaste nœud gordien occupe tout l'espace, toute la zone comprise entre la rue Carlo-Alberto, espèce de quai faisant face au port et s'enchâssant dans un arc monumental dont la rade est la corde, puis s'infléchissant à angle droit, pour monter à Saint-Laurent et au palais ducal, entre la rue Carlo-Alberto, dis-je, et les rues Balbi, Nuovissima, Nuova, Carlo-Felice, la place San-Domenico. Tout cet assemblage de *viccoli* a un immense mérite à mes yeux, c'est qu'il repose la vue et les sens, c'est qu'il fait ombre au tableau et n'en rend que plus saisissante la somptuosité des places et des rues principales. — Et puis, après tout, c'est là que se concentrent et que se conservent, comme en autant de sanctuaires, l'esprit local, le type originel, la nationalité plus pleinement recueillie dans ces défilés qu'à l'air libre et novateur des grands espaces.

Gènes, c'est la cité méridionale dans toute son expression, se ramifiant à l'infini, protégeant ses enfants contre le froid, le vent, la chaleur, les mêlant comme des frères. Il y a entre les quartiers mauresques d'Alger, de Constantine, d'Oran, et le vieux Gènes, une analogie évidente. Même obscurité, même contexture, même confusion, mêmes dispositions intérieures de la maison, mêmes pentes, même amour pour la couleur blanche, même mouvement de mulets chargés de bouillots, mêmes sinuosités et même étroitesse. — Tous les peuples du Midi se ressemblent par certains points : chrétiens ou musulmans, Italiens ou Espagnols, Africains ou Asiatiques. Il y a moins loin qu'on ne le croit peut-être du peuple maure au peuple génois, napolitain et palermitain surtout, et des alvéoles de la ruche à leurs abris. Le clocher lui-même (1), à Gènes, tient un peu du minaret, et la Génoise, à demi-voilée dans la rue, est, en diminutif, l'image de la femme arabe.

Le visiteur qui, en quittant les ruelles, entre tout à coup dans *via Balbi*, et après avoir salué le fameux palais Doria, aujourd'hui un peu délabré, l'*Acqua Verde*, où s'élève le monument de Christophe Colomb, s'avance par les places de l'Annunziata et Santa-Sabina, que domine l'édifice de la Zecca (Monnaie), par via Nuovissima, via Nuova, piazza Fontane

---

(1) Surtout ceux de diverses églises conventuelles, situées sur les collines autour de la ville.

Amorose, via Carlo-Felice, piazza San-Domenico et via Giulia, jusqu'aux portes dell' Arco et Pila, ce visiteur ne s'appartient plus. — Il est placé sous l'empire d'une ineffable fascination. C'est surtout dans *via Balbi*, au pied du palais Durrazo et de plusieurs autres, et dans via Nuova, qu'il pourra juger le palais génois des deux derniers siècles. Figurez-vous une rue entière de palais tous plus somptueux les uns que les autres, d'une couleur éclatante. Tous ne sont pas le produit d'un goût irréprochable ; ils offrent quelquefois une profilation ampoulée, une coloration trop crue et où le rouge sang a une trop large part ; ils sont chargés outre mesure d'ornementation ; mais toujours ils portent le type de la magnificence et de la prodigalité. — Le palais génois a une verve de colonnades, de vestibules, de balustres, de terrasses, de galeries et d'escaliers, qui lui est propre, et qu'on ne retrouve ni dans l'austère palais florentin, qui tient de la forteresse, ni dans l'ample palais romain, ni dans le palais à façades *semi-gothiques* de Venise. Il est constamment en fête, constamment festonné de pots de fleurs et de verdure, couvert de marbres au dehors, vêtu de fresques, décoré de statues au dedans ; il est plein d'air, de perspectives, d'imprévu, de lointains, de majesté ; il est féérique et idéal. Je signalerai comme l'un des modèles du genre celui des jésuites, devenu le *Municipio* (Hôtel-de-Ville). — Là, vous verrez le poste d'honneur de la *guardia civica* (garde nationale), instituée dans les Etats sardes depuis l'inauguration du régime parlementaire, du *statuto* (charte) et du *bilancio* (budget). Les Génois, qui ne connaissent encore de ce service que les roses, en paraissent fort épris et semblent bien fiers de leur uniforme. — Quant au palais, plus moderne encore, tel qu'on le comprend et qu'on le formule aujourd'hui, sa meilleure épreuve est dans le palais Pallavicini, rue Carlo-Felice. — Malgré la splendeur, les effets de lumière et le luxe prodigieux du palais génois, il a, au fond, quelque chose de triste, dont on ne cherche pas à scruter la cause.

Et maintenant, après le peuple des palais, après la ravissante promenade *intra muros*, élevée en terrasse, de l'*Acqua Sola*, après le théâtre Carlo-Felice, à la façade de marbre blanc, après la place qu'il embellit, et d'où la vue du spectateur est enchantée, soit qu'elle s'enchaine à la ville, soit qu'elle s'étende aux collines qui se dressent au-dessus d'elle avec leurs mosaïques naturelles de maisons de plaisance, de teintes chaudes, fermes, variées à l'infini, après tout cela le peuple innombrable des églises, les hôpitaux de marbre, l'ancien siège des doges, aujourd'hui Palais Ducal, dont la riche façade de marbre blanc est enfin dégagée, sur via Carlo-Alberto, des bâtiments confus qui la voilaient, le palais du roi (Palazzo Durazzo), dans la rue Balbi. Sans sortir de la cité, je le répète, on en comprendra la couleur tout-à-fait exceptionnelle, les jardins magiques, constellés, de la zone la plus élevée de la place San-Domenico, située, comme on l'a vu, entre via Giulia et via Carlo-Felice. Quel inexprimable charme oculaire, quelle musique pour les yeux, comme tout cela est émouvant ! — Et puis, ce type génois si fier, j'ai presque dit comme le proverbe, si altier et si superbe, si grave ; ces costumes, ces femmes voilées ou du *pezzotto* de gaze blanche, comme nos jeunes filles faisant leur première communion, ou du *mezzaro* de couleur, d'un usage plus plébéien, cette population animée, bruyante, chantante, toujours prête à oublier le lucre pour le plaisir, dans la ville la plus commerçante de la péninsule italique !....

Visitez la basilique métropolitaine de San-Lorenzo, in via Carlo-Alberto, toute zébrée de marbres noir et blanc, et dont le clocher doublement coupolaire ressemble beaucoup, à la matière près, à celui de Notre-Dame-de-Dole (Jura). Allez contempler l'église de l'Annonciade, où la fresque et les rinceaux d'or ont fait des prodiges de somptuosité, la basilique de San-Siro, celle des SS. André et Ambroise, la basilique aérienne de Carignan, celles de Notre-Dame-des-Vignes et de Saint-Philippe-de-Néri, de Saint-Mathieu et de la Magdeleine, les temples consacrés à sainte Sabine, à la Santa-Fede, à la Bambina (via di Prè), à Saint-Jean (autrefois aux chevaliers de Malte), à Saint-Georges, à Saint-Donat, à Saint-Etienne (VNA. EX. VII. ECCLESIIS), ces deux dernières, du type byzantin le plus précieux. Partout, marbres, bronze, or, argent, sculptures, peintures murales ou tableaux, magnificences ou prodiges. Et, à côté des grandes églises, des myriades de chapelles. Les plus petits temples renferment toujours de quoi défrayer nos plus vastes cathédrales d'objets d'art et de luxe, toujours quelque coupole, quelque chapelle étourdissantes d'éclat.

Je citerai à côté de l'église de St-Philippe (San-Filippo), l'oratorio situé dans les dépendances du monastère, où l'on admire une vierge, chef-d'œuvre de Puget ; la petite église de San-Luca, celle des *Scuole Pie*, qui renferme d'incroyables bas-reliefs en marbre blanc. — La plus petite paroisse de Gênes, celle de San-Pietro (a'Banchi), *chiesetta* dans toute la force du terme, n'a pas moins d'une demi-douzaine de statues de premier ordre, en matière noble. Cette église a cela de particulier, c'est que son aire est élevée à la hauteur d'un premier étage.

Dans tous les édifices religieux de Gênes, quelles coupoles, quelles voûtes, quels assemblages de tous les genres de magnificence et d'art !— La sonnerie génoise, surtout à San-Giovanni, est absolument celle de notre auguste cité lyonnaise; toutefois, elle n'offre point l'éclat de la sonnerie du *Dôme* de Livourne, la plus majestueuse de toute l'Italie.

Je n'ai rien dit des immenses régions neuves qui se sont produites dans ces dernières années et continuent à se bâtir à Gênes, et dont *via Serra* est une des principales artères. Là, la forme du palais génois historique est oubliée ; mais on trouve de grandes lignes et le caractère monumental le plus brillant. Une seconde métropole génoise s'élève dans le bourg suburbain de *San-Pietro d'Arena*, singulièrement agrandi. Tout le quartier de la Lanterne, toute la zone située entre ce quartier et le palais Doria se métamorphose, se couvre de riches demeures. Ce grand mouvement de constructions et d'aménagements dans la petite voirie a pour cause la présence de la gare du chemin de fer (ferro-via) de Gênes à Turin.

Pour se faire une juste idée de l'importance commerciale de Gênes il suffit de traverser les rues marchandes de la ville, celles qui tendent de la place Santa-Sabina à la rue Carlo-Alberto, les rues Dei Lomellini, San-Siro, San-Luca, del Canneto, la place *Dei Banchi* (Bourse), et la rue *Degli Orefici*, il suffit, dis-je, de parcourir ces voies de onze heures à quatre. Toutes les boutiques, sans exception, regorgent d'acheteurs et l'argent circule ici comme à Londres dans le *Strand*. On ne peut faire deux pas sans être harcelé par les marchands en plein vent qui vous étourdissent de leurs propositions et de leurs cris. Celui-ci ne cesse de hurler le mot de *Brichetti*, *Brichetti*, *Brichetti*, *una palanca* (cinq centimes) ; celui-là vous donne sa marchandise pour *una muta* (quarante centimes) ; cet autre, enfin, se contente pour la sienne de *mezza muta* (vingt centimes). C'est un aller et venir, un remuement, un frétillement, un vacarme, une fourmillière dont on se ferait difficilement l'idée.

Il y a à Gênes des cafés d'une fabuleuse splendeur. Je signalerai hors ligne celui *del Gran Corso*, place Saint-Dominique, et celui *della Concordia*, via Nuova, décoré comme le fameux café Pedrocchi, de Padoue, du nom de *Stabilimento* (établissement). C'est à la fois un café et un restaurant, et il occupe un des plus beaux palais génois. N'oublions pas les cafés *del Gran Cairo*, vico dell' Amor Perfetto e vico delle Vigne ; *della Costanza*, via Degli Orefici ; *della Lega italiana*, piazza Santa-Sabina e via de' Lomellini. Les principaux hôtels de Gênes sont ceux : Feder, de la Ville. Quant à moi, modeste et simple dans mes goûts, je préfère l'*Albergo del Commercio*, situé à côté des *Scuole Pie*.

Gênes est un centre actif d'idées et d'études fortes. Parmi les écrivains qui l'honorent le plus il faut compter M. Carlo Varese. M. Lorenzo Pareto est un géologue extrêmement érudit. L'histoire, les sciences médicales et naturelles, la poésie, sont noblement représentées dans ce beau pays, ainsi que la peinture et la sculpture. Cevasco tient le sceptre de la statuaire. Il se publie à Gênes plusieurs journaux politiques : la *Gazzetta*, le *Corriere mercantile*. Naguère encore il y paraissait une feuille écrite dans le but de maintenir l'influence française en Italie, sous le nom de *Mediterraneo*. Son rédacteur était Français et se faisait traduire en italien, ce qui est pauvre. Ce journal s'est transféré à Naples, je crois.

Le visiteur de Gênes ne négligera point la villa *Di Negro*, à deux pas de l'*Acqua Sola*, où une intéressante galerie de gravures fixera son attention, et où l'attendent tous les souvenirs d'un homme qui aurait bien dû rester le premier poëte du siècle, M. de Lamartine.

L'industrie génoise produit beaucoup d'orfévrerie, de joaillerie, de bijouterie d'or et d'argent ; elle coupe hardiment le corail et le façonne de mille manières ; elle est la mère de ces délicieux objets en filigrane, si élégants, si frêles, qui entrent dans la parure sous forme de croix, de bracelets, d'épingles, de pendants d'oreilles, etc. Le luxe de la bijouterie est poussé fort loin ici, aussi bien à la campagne par les simples *contadine*, qu'à la ville. On trouve encore à Gênes les tabatières, les coquetiers, les vases de racine de figuier, travaillés avec un art infini et couverts d'un vernis sans rival connu, secret de son inventeur. C'est à la rue qui longe la Magdeleine qu'il faut recourir pour se procurer ces charmants objets de tabletterie.

La longue serviette génoise avec ses réseaux, les célèbres pâtes de Gênes, sa bonbonnerie, méritent une mention particulière.

Le dialecte génois est un des plus discrédités de l'Italie, et, cependant, un des plus riches en originalité et en mouvement. Malgré ce dialecte, la ville de Gênes est, je le dis de nouveau, profondément italienne. Gênes a donné le jour à Felice Romani, dont nous avons parlé dans le paragraphe relatif à Turin.

Nulle part on ne voit tant de fumeurs de cigares qu'ici : tous armés du long *bocchino* d'écume, qui, né Allemand, s'est généralement acclimaté dans la Haute-Italie, à cause de son voisinage de l'Autriche italienne.

Le voyageur conservera de Gênes les plus agréables souvenirs, surtout s'il y est arrivé par une belle mer, à bord du *Capri*, capitaine Luigi Consiglio, l'un des meilleurs pyroscaphes de la Compagnie napolitaine, à la tête de laquelle est M. A. Viollier (de Genève).

L'esprit public, dans les Etats de S. M. le roi de Sardaigne, est en somme paisible. Tant que le sentiment religieux demeurera puissant comme il l'est encore, quoiqu'on fasse pour l'affaiblir, il n'y aura pas de révolutions politiques fondamentales à redouter dans ce beau pays. Toutefois, il y a une épée de Damoclès suspendue sur toutes les têtes : c'est la liberté *illimitée* de la presse. Nous savons, par expérience, ce qu'elle anime, ce qu'elle engendre dans les contrées qui n'ont point les mœurs froides, calmes, philosophiques de l'Angleterre, de la Belgique, de la Néerlande. Je crois pouvoir dire que, grâce à la loyauté de son gouvernement, dont le ministère Cavour est l'expression, à la modération de l'esprit public piémontais, qui aime les luttes parlementaires et le progrès, mais entourera et soutiendra toujours la monarchie si elle était sérieusement menacée, je crois pouvoir dire qu'au milieu de tous les périls apparents qui planent sur lui, le Piémont pourra conserver un gouvernement tempéré, s'il n'abuse point de la liberté, s'il continue à s'associer à la généreuse politique de la France, politique toute de loyauté, de conciliation, de modération, d'équité et de pondération européenne. Les intérêts moraux et matériels des Etats du roi Vittorio Emanuelle II sont étroitement liés aux principes français, à l'idée française.

Gênes, en particulier, a besoin de paix ; son commerce est prospère, son avenir considérable, son industrie florissante. La voici en communication directe avec Turin par un chemin de fer continu, admirablement construit, et où le service de l'exploitation s'exerce dans les plus désirables conditions de sollicitude et de prudence; elle a un des plus beaux ports et une des plus belles positions de l'Italie : elle est active, laborieuse, intelligente......... — Dieu la préserve des révolutions et des démagogues !

Enfants du Dauphiné, du Lyonnais, de la Provence, de la Bresse et de la Bourgogne, venez saluer la sultane des états sardes et vous initier par elle au charme ineffable de la vie italienne.

Gênes est une des perles les plus précieuses de ce resplendissant diadème dont j'ai tant de fois compté les fleurons.

III.

FLORENCE.

Quel dommage que des éléments de discorde venus du dehors, étrangers à ses mœurs actuelles, soient venus troubler l'harmonieuse Toscane dans ses effusions et son entrain, et appeler sur elle la triste exigence des expiations et des rigueurs ! — Qu'est-ce que l'esprit de sédition avait à voir et à faire sur cette zone fortunée, prédestinée au plaisir de l'âme et des yeux, à la joie la plus communicative et la plus expansive, à la vie inspirée et libre de l'imagination, de l'art, des cultes traditionnels ? — Elle qui, dans la sérénité de ses nuits et la splendeur de ses jours, se trouvait si bien de son sort; elle qui, de sa poétique voix, semblait incessamment convoquer tous les esprits d'élite de l'univers à venir partager ses goûts, ses concerts, son existence extatique, ses initiations et ses amours, pourquoi donc a-t-elle si rapidement changé? — Mais ses échos s'étaient donc tus dans un silence de mort; mais les flots de son Arno avaient donc soudain cessé de murmurer leurs ineffables accents; mais ses collines, si élégamment parées de soleil et de verdure, étaient donc devenues inopinément stériles ; mais le sentiment du beau moral et idéal, inné dans ses heureux enfants, s'était donc tout-à-coup glacé dans leur cœur et tari dans sa source; mais elle n'avait donc plus de couleurs pour la palette de ses peintres, plus de brises pour la harpe de ses poëtes, plus de fleurs pour couronner leur front, plus de fêtes pour honorer ses visiteurs, plus de chants pour les réjouir, plus de parfums pour les embaumer, plus d'échos pour répondre à leurs voix? — Hélas ! je ne sais quel vent venu des froides et mystérieuses régions de la société secrète, du club occulte ou du club patent, a soufflé un jour sur ce beau pays ; mais, à coup sûr, il lui a fait bien du mal.

Espérons que la fortunée Toscane va renaître à la vie pour laquelle elle est faite, la vie des jouissances distinguées, des voluptés artistiques, de la poésie, de la musique et des fleurs, vie qui a fait son bonheur, sa renommée, sa gloire.

Quelques griefs en apparence fondés ont pu parfois motiver la sédition ; mais en Toscane il n'y avait pas même l'ombre d'un prétexte à l'émeute. — Nul souverain italien n'était plus sincèrement aimé de ses sujets que le grand-duc Léopold II. Nul gouvernement n'était plus parternel, plus équitable, plus traditionnel, plus doux, plus indulgent, plus loyal que le sien, plus populaire dans l'acception la plus large et la plus vraie du mot. — Le plaisir, en Toscane, la liberté d'action, la liberté pratique et civile n'avaient pas de limites appréciables; la liberté politique y était grande aussi et s'étendait justement jusqu'au point où commencent la licence et le désordre. Que fallait-il donc de plus à une nation de poëtes, d'artistes, d'amis intelligents et chauds des gloires de la patrie, à un peuple de frères le plus hospitalier, le plus bienveillant, le plus cordial, le plus aimable du monde ? — l'esprit révolutionnaire le sait peut-être; mais gardons-nous de lui demander ses secrets.

Oui, sans les chants populaires, qui, nuit et jour, animaient les horizons florentins, sans les fleurs, qui, à Florence, pleuvaient dans les rues sur toutes les têtes, sans l'idée de plaisir qui ruisselait de toute part, sans le mouvement des *forestieri* (étrangers) qui venaient visiter ses musées, qui se pressaient sur ses places, ses promenades, sous ses loges et ses portiques, dans ses palais, ses basiliques, ses galeries, son célèbre café Donnet, sans les effusions qui partout les étreignaient, je ne me reconnais plus dans la métropole de la jeune et fraîche Toscane, j'ai cessé de la comprendre.

C'était jadis, dans cette sémillante Florence, une fête conti-

nuelle pour le cœur, pour l'esprit, pour les yeux, pour les oreilles; on ne songeait qu'à s'y divertir, qu'à s'y donner toutes les
nobles jouissances qui naissaient sous les pas. — Aujourd'hui
les places sont muettes, les hôtelleries, les monuments, les théâtres, les galeries publiques et privées déserts; la vie de musées,
cette vie exceptionnelle du goût, est chancelante. On reste sérieux, on admire froidement, on réfléchit. On n'est plus, comme autrefois, coudoyé partout par les touristes, les amateurs
du beau, les *forestieri* distingués parcourant la cité leur *guida*
à la main. Plus de ces refrains populaires, de ces octaves partant de tous les lieux de débit des boissons, égayés par les flots
de l'*alleatico* (1) et du *Monte-Pulciano.* — Oh! les révolutions,
comme elles sont habiles pour assombrir, pour décolorer, pour
désenchanter, pour dissoudre, pour vulgariser! Prenez-vous en
à elles seules des changements survenus à Florence. L'auguste
Prince qui règne sur la Toscane les déplore plus amèrement que
vous encore.

Et pourtant, au fond, bien qu'il semble modifié dans sa
forme, ce peuple florentin, c'est toujours la même race, bonne,
généreuse, élégante, pleine d'aménité, amie exaltée de la gaité,
de la vie, sans arrière-pensées et sans soucis. — L'Athènes de
l'Italie n'a perdu aucune perle de sa couronne. Sous quelque
point de vue que vous l'envisagiez, c'est encore le même milieu de bouquetières, d'harmonies et de beautés. Elle est toujours séduisante, elle satisfait à tous les besoins de l'âme, de
l'imagination et des sens; elle est toujours la reine du goût le
plus exquis et le plus sûr en toutes choses, je dirai presque le
plus infaillible, la reine des jouissances nobles, de l'art et du
charme oculaire.

Il y a tout ce qui fait aimer, tressaillir, palpiter, dans cette
suave cité des fleurs. Les souvenirs du Panthéon italien le plus
complet et le plus riche, la gloire des armes, de la paix, du
génie, la plus sublime histoire, de graves monuments d'architectonique militaire, d'un type unique, tous les mérites de la
peinture, de la sculpture, toutes les grandeurs; les plus magnifiques églises, les plus somptueux matériaux qu'ait utilisés
la main des hommes.

---

(1) Vin composé très-agréable. Quant au Monte-Pulciano, c'est un excellent vin naturel des environs de Sienne.

Florence, selon le côté par lequel vous l'envisagez, est la ville austère, la ville forte, la ville guerroyante et passionnée, la ville délicieuse où tout est grâce et douceur, la ville assoupie ou la ville en armes, la ville où tout est gloire et la ville où tout est plaisir, la ville qui parfume ou berce ses hôtes, et la ville qui les émeut, la ville du repos et la ville des tempêtes, la ville des chants d'allégresse et de triomphe ou la ville des chants de deuil et de revers, et, pour exprimer toutes les phases de ses annales, un prodigieux assemblage d'édifices publics et privés, symbolisant tous ces contrastes.

Quelle joie j'éprouvai de revoir les rues florentines, véritables musées en plein air, les palais, les *cascine*, le *lung 'Arno*, les jardins de *Boboli*, la célèbre *Specola*, les basiliques, les églises, les hôpitaux de Florence, le côteau de San-Miniato, sur lequel se dresse un des temples historiques les plus curieux du monde, la montagne plus vivement paysagée de *Fiesole*, constellée de tant de souvenirs et de tant de ruines étrusques !

Ici, surtout, c'est le cas de plaindre l'étranger qui arrive pour la première fois dans ce milieu de fééries, où tout sollicite à la fois l'admiration : et la couleur générale, et l'ordonnance des masses et les beautés de détail ; il est étourdi, accablé par tout ce qu'il voit, entrevoit, devine, il ne sait littéralement où reposer son regard attiré partout en même temps. C'est une cruelle fièvre que celle de l'admiration continue, et ceux qui connaissent l'Italie comme moi en savent quelque chose, ils ont beaucoup souffert. — Nul sentiment plus pénible que celui de ces admirations sans trève et sans répit — Florence vous opprime, vous anéantit, vous donne une fièvre de cheval : vous finissez par ne plus rien regarder, tant vous êtes lassé de voir. — Tous les excès sont nuisibles, toutes les voluptés usent, et celle des yeux n'est pas la moins corrosive.

J'arrive à la langue florentine telle qu'elle chante sur toutes les lèvres et qu'elle est définitivement arrêtée par la *Crusca*. Nul dialecte italien plus pur, plus riche en images assurément. Toutefois, l'accentuation en est affectée et vicieuse. La Toscane a beau vanter l'origine grecque de sa prononciation du C, elle n'en est pas moins contraire à l'esprit de la langue nationale : aussi, je ne connais pas de proverbe plus juste que celui de *Lingua Toscana in bocca romana*. La phrase romaine parlée n'a pas le tour vif, élégant, original, la période imagée, pittoresque, pleine d'allégories et de figures, l'expression imitative de la phrase florentine; mais elle est plus lente, plus digne, plus solennelle , plus majestueuse. Le Romain pose en parlant, il a une attitude théâtrale, il se croit encore, comme ses pères, au *rostrum* ou dans les comices du *forum*.

Il en est de la syncope florentine du C, comme du grasseyement parisien : c'est un véritable solécisme , une faute contre le goût, contre l'esprit , l'accent. l'expression phonique de l'idiôme.

Les monuments florentins hors ligne à visiter ou à revoir sont Sainte-Marie-de-la-Fleur, dont l'inimitable coupole me semble plus prodigieuse encore que celle de Saint-Pierre de Rome , le *campanile* isolé de ce temple , tout en mosaïque de marbres variés , comme la coupole, le chœur et les flancs de la basilique , et dont le clocher de Saint-Cyr de Nevers est la plus fidèle image quant à la profilation et à la forme, le baptistère situé vis-à-vis de la façade de Santa-Maria-del-Fiore , le baptistère aux portes de bronze ciselées à la Benvenuto Cellini, l'annonciade aux fresques sans prix vénal et aux autels d'argent , Santa-Croce où reposent les plus grands génies italiens et où l'on vient de découvrir des peintures murales ignorées, de Giotto; Saint-Laurent avec sa rotonde, où dorment dans leurs vastes sépulcres de marbre plusieurs glorieux souverains de la Toscane; *il Carmine* , *lo Spirito-Santo* , *San-Marco* , *San-Gaetano, Or-San-Michele* , *Santa-Maria-Novella* , dont la seule pharmacie et ses dépendances sont un des plus beaux musées de l'univers. A ces édifices sacrés de premier ordre ajoutons le palais Pitti , demeure du Grand-Duc , le palais *Degli Uffizi*, le *palazzo Vecchio* avec un beffroi militaire du type le plus mâle et le plus fier, le *Bargello* , *gli Innocenti* (mot touchant à l'aide duquel la délicatesse de la langue florentine désigne l'hospice des enfants trouvés), l'hôpital de *Santa-Maria-Nuova*. Il ne faut pas oublier le pont et l'église di *Santa Trinità* , la doyenne des basiliques florentines , l'église d'*Ognissanti* , celles de *Sant'-Ambrogio, San-Felice* , *Santo-Stefano* , etc.

Le palais florentin , c'est la citadelle appropriée aux besoins de la civilisation , de la famille et du luxe. Il a l'énergie étrusque , des murs cyclopéens faits de blocs de rochers; il est hérissé à ses bases de gros anneaux de fer comme les murailles d'Aigues-Mortes , et sa porte principale est armée de vases de fer propres à recevoir l'antique lanterne. Le type de ces demeures austères , majestueuses , quelquefois même rustiques au dehors, sveltes, harmonieuses au dedans, c'est le palazzo Vecchio, ce sont les palais Strozzi, Spini, etc. — Quant au palais Corsini, il n'a plus rien de commun avec le style florentin. Le palais Pitti est de type florentin tempéré.

C'est dans le palais *de' Pitti* qu'existe la plus belle galerie de tableaux de l'univers. — Quelle sublime idée que cette association de la puissance souveraine et du génie ! L'une et l'autre respirent le même air et s'abritent sous le même toit, la souveraineté au premier étage, le génie des arts au second. — Toutes les mœurs toscanes sont dans ce fait. — Vous le savez, une galerie de tableaux, peuplée de chefs-d'œuvre, généreusement ouverte à tout venant, tous les jours non fériés, se développe là au-dessus des appartements même du Grand-Duc.

Gli Uffizi sont aussi, dans toute leur partie supérieure formant un immense parallélogramme, incomplet du côté de la place du *palazzo Vecchio*, consacrés exclusivement aux arts, au-dessus des sanctuaires de la justice. Dans les *Offices* sont la Vénus de Médicis, la Vierge d'Andrea del Sarto, la *Fornarina* de Raffaele Sanzio (d'Urbino), une innombrable quantité de magnificences, peintes, sculptées, migniatées, gravées, niellées, ciselées dans l'or et la pierre précieuse, l'argent, le marbre, le porphyre, le bronze ; des tableaux de Guido Reni, Fra Bartolomeo, d'Albert Durer, de Pietro Perugino, du Guercino, de Luca Giordano, des Caracci, de Giulo Romano, de Baroccio, et une galerie des peintres célèbres peints par eux-mêmes, qu'aucun czar ne pourrait payer à son prix moral. — Quel adorable coin du monde que ce petit espace octogone fermé en haut par une coupole, et que l'on nomme la *Tribuna*, dans le palais *degli Uffizi*! —Rues, places, angles des maisons, cours, palais, carrefours, loges et portiques, hospices, églises, cloitres, simples maisons, tout est musées à Florence, je le répète. Ici c'est une statue, là un bas-relief, plus loin une fresque, une madone, plus loin encore une fontaine décorée de chevaux de marbre ; ce sont de merveilleux ouvrages de plastique, en faïence, d'Andrea et de Luca della Robbia. En aucun lieu du monde, la colonnade et l'arcature n'ont la finesse, la pureté, la précision, la suavité et l'harmonie florentines, excepté dans la vieille Grèce et la riante Toscane. Le sentiment du style antique est si traditionnel ici, que sur la façade du Bargello (voir sur le *Bargello*, la *Monaca di Monza* de Rosini) on lit, au-dessous d'une mesure-modèle fixée dans le mur, l'inscription suivante, littéralement relevée :

BRACCIA. DVE

Les théâtres sont nombreux à Florence et ont un roi dans celui *alla Pergola.*

Visitez la majestueuse porte *a San-Gallo*, *via Larga*, les quais surtout, les bibliothèques *Laurenziana*, et *Magliabechiana*, la gare du chemin de fer, qui donne un monument de plus à la belle Florence, les boulevards, le fameux café Donnet, dont les bouquetières ont pâli, les musées anatomique, minéralogique et d'histoire naturelle.

Nulle part on ne vit aussi bien et à aussi bon marché qu'à Florence. Notre écu de cinq francs équivaut à neuf paoli, et le paolo (paul) est égal à huit *crazie.* Un paul et demi forme la livre (la lira). — Les grands logent à l'hôtel d'Yorck ; les moyens, à la Pension-Suisse ; les hommes simples et modestes, au Lion-Blanc, *al Leone Bianco*, *via della Vigna-Nuova*, n° 4124 *(dalla vedova Agata Beverini).*

Florence est la ville de la douce péninsule où *il vivere italiano*, le mode de vie italien, se traduit de la manière la plus élégante et la plus aimable.

J'avouerai ici que les types de l'ancienne beauté florentine, ou n'ont jamais existé que dans la sublime imagination des artistes qui les formulaient, ou se sont altérés par suite des croisements de races. Aujourd'hui, la beauté n'est pas plus commune à Florence qu'ailleurs. Des formes distinguées, l'art de bien placer un accessoire dans la toilette, voilà ce que l'on trouve. Quant à cette beauté idéale dont les peintres florentins nous donnèrent l'expression, elle n'existe plus dans la moderne capitale de l'ancienne Étrurie. Les Florentines ont cela de commun avec les Parisiennes, c'est qu'elles comprennent l'art de paraître gracieuses, et celui de causer agréablement. Seulement, au lieu du grasseyement parisien, vous avez ici la cacophonie du G. — Laquelle de ces deux affectations est la pire ? — Je ne le sais.

Je termine par une réflexion. — Le Midi tout seul, le ciel éclatant et la chaleur ne donnent pas la poésie. L'Espagne, le Portugal, l'Afrique n'ont pas l'esprit communicatif, liant, affectueux, le goût artistique et la suavité de l'Italie. — Je crois donc que le véritable élément poétique résulte du voisinage de la Grèce et de l'Orient.

Florence a une littérature locale, colorée et brillante comme ses horizons. Il se publie dans cette capitale bien des livres et plusieurs journaux politiques, scientifiques et littéraires. A leur tête se place *il Monitore Toscano*, rédigé avec le plus remarquable talent par un prêtre du plus grand mérite, que je m'honore de connaître.

Adieu, adieu, peuple poli, harmonieux, charmant, sois sûr que ton temps de résignation et d'épreuve touche à sa fin.

IV.

ROME.

Nous voici dans l'orbite auréolée de la Ville Éternelle. — Rome tient du désert et de la verte oasis, de la vie et de la mort, de la pompe funèbre et de la fête olympique. Elle a la solitude et la majesté de l'un, la variété et les charmes de l'autre ; elle est à la fois silencieuse, éteinte, solennelle, animée et palpitante ; elle est pleine de mouvement et de repos, de magnificence et d'humilité. — C'est un sépulcre et une cour orientale, c'est la ville des grandes harmonies et des grands contrastes. Quel caractère unique au monde, que cette cité de granits, de marbres, de monuments, de *villas*, de jardins et d'ombrages, enveloppée du vaste cimetière qu'on appelle l'*Agro romano*, et que circonscrit lui-même, dans un périmètre de six ou huit milles, une nouvelle ceinture de collines diamantées de cascades, de palais, de vallées, de verdoyants bosquets !

Je n'avais pas vu Rome depuis que l'explosion révolutionnaire a failli la briser, sur ses autels et ses mosaïques d'or, et l'ensevelir toute vivante dans le tombeau du vieux monde. J'avais hâte d'apprécier les dommages causés dans son sein par l'insurrection, par la démagogie essentiellement dévastatrice, par la guerre qui vint arracher aux mains des barbares la mé-

tropole du catholicisme , le siége apostolique de Saint-Pierre,
et l'histoire lapidaire de l'antiquité païenne et sacrée. Rome ,
c'est toujours la chose la plus majestueuse et la plus grave
de l'univers, c'est toujours la tête morale et la grande boussole
des cités impériales, royales et palatines. — Assoupie sur ses
collines jonchées de débris , sous son ciel étincelant , comme
elle pose , fière et noble , au milieu des ruines qui jalonnent
tous ses horizons ! On la croirait morte aux idées d'industrie et
de progrès qui remuent l'Europe et l'Amérique, et cependant
en contemplant ses yeux à demi-fermés on en voit jaillir de
ces éclairs qui font penser à l'énergie et à la gloire. Elle a aujourd'hui tout ce qu'elle peut et doit avoir, une attitude et un
langage dignes, le génie de la quiétude et de la paix , le sentiment sublime du principe catholique dont elle est le centre et
l'emblème , qui est son âme et sa force, qui a creusé si profondément son lit dans son enceinte et dans ses mœurs. —
Vous aurez beau protester, agir, démoraliser, ébranler , nova-
teurs téméraires, vous n'empêcherez pas qu'une telle cité ,
qu'un tel état, remplissent les conditions de leur existence.

La révolution romaine était un fait presque étranger à Rome.
Des forcenés de toutes les zones italiennes et d'autres contrées
lointaines s'y étaient donné rendez-vous pour détruire l'autorité dans ses cimes , l'ordre dans sa source , le devoir dans sa
plus haute consécration. Tous les conjurés avaient peu de com-
plices dans la Ville Éternelle, peu de sympathies populaires,
peu d'échos qui comprissent leur voix ou la connussent sur la
vaste étendue de l'aire romaine. La majesté des souvenirs, la
foi chrétienne , les choses de tradition , de culte , d'art , tien-
nent trop de place dans la vie du peuple romain pour qu'il ait
pu se préparer à une guerre impie contre l'Église, contre le
Saint-Siége apostolique , contre la société. L'incubation révolutionnaire s'était opérée au milieu de lui sans sa participation.
— Un vieil esprit public, debout sur son mémorable passé, ne
se précipite pas sans transition dans un abime, ne passe point,
du jour au lendemain , du calme à la tempête et de la pureté à
la souillure.

Quoi qu'il en soit, les traces matérielles de la révolution romaine et de la lutte qui l'a terminée ont à peu près disparu.
Les bras de nos soldats ont concouru, avec la sollicitude de
Pie IX, à réparer les ruines. — N'était la *villa Panfili-Doria*
si belle d'ombre et de lumière autrefois, n'était la *villa Bor-*

ghese qui pleure encore ses masses de verdure et l'hospitalité qu'elle offrait aux promeneurs, à *Porta del Popolo*, n'étaient quelques empreintes encore tristement marquées sur les hauteurs où le combat fut si acharné, n'était surtout ce grand souvenir de deuil qui semble planer encore sur l'horizon romain, on ne croirait pas qu'il y a si peu de temps Rome était livrée, pieds et poings liés, à l'anarchie, à l'arbitraire, à la violence. — C'est que les âmes généreuses et dévouées sont aussi resplendissantes et aussi nombreuses à Rome que les étoiles de son firmament, c'est qu'il s'y est trouvé, comme par enchantement, dix fois plus de mains pour relever qu'il n'y en avait eu pour détruire.

Le dernier carnaval romain m'a paru sérieux comme toutes les fêtes, comme toutes les effusions de Rome, celles des *vendemmie* exceptées. Le carnaval a perdu à Venise et dans toute l'Italie son ancien éclat. Celui de Rome seul a survécu et est depuis longtemps le plus complet et le plus beau de la péninsule par ses jeux animés des *confetti* et des *moccoli*. — Jamais l'ambassade de France n'a déployé plus de magnificence que cet hiver dans ses réceptions.

A ce propos je dois dire avec quelle joie j'ai vu disparaître de la façade du palais Colonna, sur la place *de' Santi Apostoli*, le triste emblème royal adopté sous Louis-Philippe, la *charte constitutionnelle de* 1830, mal et méchamment ajustée dans un simulacre de blason. Quelle stérile héraldique ! — Je ne veux point insulter à une monarchie tombée, qui a fait beaucoup pour la France, et qui a logiquement succombé sous l'empire de son principe ; mais c'était le malheur de sa condition et la conséquence de son origine révolutionnaire, des barricades qui pavoisèrent le char de son inauguration, de ne pouvoir être ni royale, ni républicaine dans la forme, l'expression, le symbole. J'avais souvent gémi, à l'étranger, en voyant les armes héraldiques et traditionnelles des plus minces souverains et des roitelets, figurées avec éclat sur les panonceaux de leurs consuls, tandis que le roi d'une grande nation telle que la France n'osait pas clouer son écu à la porte de son ambassadeur. La France a repris un blason ; à ce point de vue elle ne fait plus bande à part, elle a ses armes : elle est rentrée dans la loi commune des nationalités et des souverains.

On a besoin à Rome d'une main expérimentée et ferme comme celle du général Allouveau de Montréal, commandant la division d'occupation, car tout élan de discipline et de tenue militaires, soit pour les troupes auxiliaires, soit pour les soldats indigènes, vient de l'armée française et du chef placé à sa tête. Au reste, le général Montréal a laissé à Chalon-sur-Saône, où il commandait la subdivision de Saône-et-Loire, les plus honorables souvenirs. Jamais peut-être depuis la chevaleresque ambassade du vicomte de Châteaubriand, la France n'avait été représentée à Rome d'une manière aussi noble, aussi digne d'elle, que par M. le comte de Rayneval, ambassadeur actuel. A l'urbanité, à la bienveillance parfaites du comte Septime de Latour-Maubourg, il unit les plus éminentes qualités du cœur et de l'esprit, la loyauté et l'habileté les plus exemplaires dans le génie des affaires diplomatiques. Son Excellence Monsieur le comte de Rayneval jouit du respect de tous et de la confiance générale à Rome.

La chaire de Saint-Louis-des-Français, trop souvent muette, avant la révolution romaine, dans ces périodes de calme où l'illustre Grégoire XVI continuait, dans la sérénité de sa vieillesse, les antiques traditions pontificales, où Pie IX inaugurait avec tant d'effusion et de bon vouloir l'ère de progrès larges, la chaire de *San-Luigi de' Francesi* ne cesse de répandre sur Rome des flots d'éloquence sacrée.

Quant aux monuments, aux horizons, aux imposantes lignes de Rome, rien n'a changé. Toujours les colonnes Trajanne et Antonine debout sur leurs places, les incroyables fontaines, le pont Saint-Ange avec ses statues, toujours le *Corso* et la place *del Popolo*, toujours le Capitole assis sur les débris de la roche Tarpéienne et dominant l'horizon antique du *Campo-Vaccino*, jonché de monuments latins et fermé par le squelette colossal du Colisée. Jamais peut-être le *Travertino* romain ne m'a paru plus éclatant que dans un beau jour de février, au soleil levant. J'étais au beau milieu de la place de Saint-Jean-de-Latran, entre la grande façade de cette basilique, la *Scala Santa* et Sainte-Croix-de-Jérusalem. — L'interrègne rempli par la République n'a pas avancé les travaux d'achèvement de Saint-Paul-hors-les-Murs ; mais ils ont repris avec une nouvelle vigueur, et bientôt ce temple sera achevé, à la gloire des Souverains-Pontifes Grégoire XVI et Pie IX.

Qui se douterait qu'une révolution a suspendu, à Rome, pendant si longtemps, le sentiment du beau moral et idéal quand on revoit Saint-Pierre, les musées Capitolin et du Vatican.

Sainte-Marie-Majeure , Saint-Marc , Saint-Jean-de-Latran , les palais , les basiliques, les églises, les galeries privées , les obélisques , les statues , les *villas* enchantées ?

Je ne dirai pas que l'industrie, telle qu'on la comprend en Amérique, en Angleterre, en France, en Belgique , en Prusse et en Piémont, fait aujourd'hui de grands progrès dans la métropole du monde chrétien. Cependant , les idées nouvelles commencent à y germer, et les esprits y sont fortement tendus vers les questions de chemins de fer. Ce sont elles à peu près qui, avec la guerre d'Orient , alimentent la presse politique. littéraire et économique.

Les beaux *vapeurs* pontificaux, si longtemps inutiles, se promènent sur le Tibre. Rome , par suite de sa position exceptionnelle dans le monde , ne doit pas donner l'exemple des innovations ; mais elle est trop sage pour ne pas suivre le mouvement imprimé ailleurs , quand une fois il a été éprouvé et jugé dans la pratique.

Je n'avais jamais vu Rome avec des soldats français dans les rues , et j'avoue que leur présence ne m'a pas paru une des moindres curiosités de la Rome actuelle. Ils ont l'air de s'y trouver admirablement bien.

Toutes les idées à Rome sont au calme , à la civilisation , à l'espérance. Rome compte beaucoup sur la France pour le repos du monde , pour la pacification générale des esprits, pour l'autorité des bons exemples , pour l'extinction des partis , pour l'impulsion donnée aux éternels principes de toute société civilisée : l'ordre et le devoir. — Dans un second cahier je continuerai ces esquisses italiennes de 1854 par Naples, Palerme , Catania et Malte.

FIN.